Bis auf Klaus ...

nur für Erwachsene

Klaus D. Koch
Peter Bauer

Bis auf Klaus ...
Rabenschwarze Kinderreime

nur für Erwachsene

EDITION TEMMEN

Impressum

Edition Temmen
Alle Rechte vorbehalten
Copyright © 2020 Klaus D. Koch (Texte)
und Peter Bauer (Zeichnungen, Layout)
*Texte S. 15, 20, 22, 25, 28, 66 von Peter Bauer
Gestaltung und Satz: Peter Bauer

ISBN 978-3-8378-7062-6

Sechzehnjährig wurde der Autor mit einem schlimmen Kinderreim konfrontiert:
»Alle Kinder tanzen um das brennende Haus,
bis auf Klaus, der guckt raus!«

Sofort konterte er:
»Alle Kinder hüten brav die Tiere,
bis auf Klaus, der lässt die Sau raus.«

Das Thema hat ihn nie verlassen.

... nur der Peter, der kommt später.

Alle Kinder
hüten brav
die Tiere ...

Alle Kinder hüten brav die Tiere,
bis auf Klaus,
der lässt die Sau raus.

Früher war der Klaus
'ne kleine dicke Maus.
Jetzt knackt und kracht es in den Knochen,
kriegt nichts mehr über's Knie gebrochen.

Alle Kinder fahren gerne E-Mobil,
bis auf Otto, dieser Stiesel,
der fährt Diesel.

Alle Kinder gehen mit dem Hund spazieren,
bis auf Rolf,
der läuft sich lieber einen Wolf.

Alle Kinder fahren im Kreis um die Wette,
bis auf Henriette,
die hängt an der Fahrradkette.

Im Allgemeinen ist man Junge oder Mädchen,
anders ist es bei Heinz,
der ist beides oder auch keins.

Alle Mädchen glauben, sie seien ein Supertalent,
bis auf Beate,
das ist alles andere als schade.

Eins, zwei, drei, vier Eckstein,
alles muss versteckt sein.
Alle, bis auf Friedemann,
der ist ein Rührmichnichtan.

Alle Damen sind stolz auf ihre Namen,
bis auf Schantall,
die hat schon deshalb einen Knall.

Alle Kinder rauchen Zigaretten,
bis auf Hanna,
die pafft 'ne Havanna.

Alle Kinder verbiegen sich beim Yoga,
bis auf Tom,
der macht immer nur OM, OM.

Alle Mädchen sind furchtbar gern Prinzessin,
bis auf Gerlinde,
die macht für alle das Gesinde.

Alle Jungs haben volles Haar,
bis auf Matze,
der hat 'ne Glatze.*

Alle Kinder schlecken gern mal am Eierlikör,
bis auf Walter,
der haut das Zeug runter wie ein Alter.

...die ist schon durchgedreht

Alle Kinder fahren gern Karussel,
bis auf Gret,
die ist schon durchgedreht.

Alle Kinder singen brav im Kirchenchor,
dem Heiland geht das ganz locker ins Ohr.
Später sammeln sie 'nen Zehner
für einen Nazarener.

Alle Kinder kommen später in das Himmelreich,
bis auf Barbara,
da glaubt man, die war schon mal da.

                          Alle Kinder singen aus voller Kehle,
                          nur Katarina,
                          röchelt durch 'ne Angina.

Alle Kinder trinken gern Kakao,
bis auf Maren,
die trinkt Klaren.

Alle Kinder lieben's flauschig,
bis auf Berta,
die mag's härta.*

Alle Kinder hüpfen in die Höhe,
bis auf Frieda,
die kommt nieda.

Alle Kinder leben monogam,
bis auf Fabian,
der hat sich's nochmals angetan.

                      Alle Kinder pullern mit dem Pullermatz,
                      bis auf Knut,
                      der was Bessres tut.

Alle Kinder spielen gern im Dreck,
bis auf Kevin,
der spielt Versteck.*

Alle Kinder lieben Nudeln mit Tomatensoße,
bis auf Jette,
die liebt 'ne saubere Serviette.*

Alle Kinder lesen die Zukunft
aus den Sternen.
Bis auf Emmely,
die hat 'ne Legasthenie.

Alle Kinder glauben
an den Klapperstorch,
bis auf Vanessa,
die weiß es bessa.*

Alle Kinder hatten Angst vor Wolf und bösen Tieren.
Heute haben sie Horror
vor Computerviren.

Alle Kinder lassen zu gerne die Sau raus,
bis auf Adrian,
der würzt sie grad mit Majoran.

Auf alle Nordlichter passt der Wotan auf,
bis auf Fiete,
der steht auf Aphrodite.

bis auf Jasper...

Alle Kinder sitzen brav und still,
bis auf Jasper,
der macht den Kasper.*

Alle Kinder sind zum Anfassen da,
bis auf Kitty,
die gibt's nur als Graffiti.

Alle Jungs wollen leichte Mädchen,
bis auf Hans, so ein scharfer Köter,
der macht voll auf Schwerenöter.

Alle Kinder toben auf Teufel komm raus,
bis auf Florian,
der hat einen Zündelwahn.

Rüdiger aus der DDR

Alle Hanseln lieben über alles ihr Vaterland,
bis auf Rüdiger,
der lief hinter 'ner Banane her.

Rüdiger aus der DDR

Jeder weiß,
wer zu spät kommt, den bestraft das Leben.
Doch Hans der Leisetreter,
kommt noch ein bisschen später.

Alle Kinder lieben die DDR,
bis auf Angela,
die war schon immer da.

... Wer zu spät kommt ...

Eigentlich wollte ich's nicht verraten,
denn kochen konnte sie nicht,
aber Geld verbraten.

Es war einmal ein Dromedar,
mit einem Höcker und ganz viel Haar.
Da kam eine Drohne,
zack, war es oben ohne.

...da kam eine Drohne...

Amelie
wollte nie,
dann aber immer!
Was ist schlimmer?

Erfolgreich geht es meistens von vorne,
doch auch ohne extra Spesen,
kann man die Annasusanna
locker auch von hinten lesen.

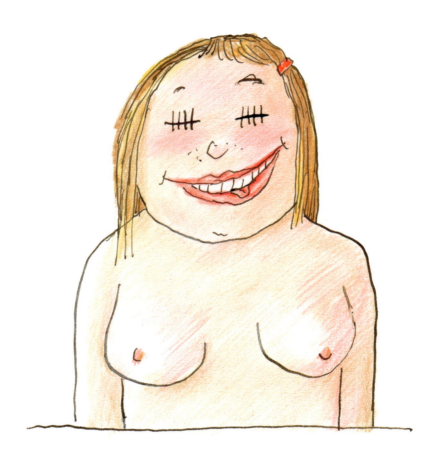

Annasusanna

annasusannA

Er sollte Horst heißen,
jetzt ist er eine Emma.
So ein Dilemma!

Hannaconda

Hanna macht auf Klapperschlange.
Jetzt ist sie noch viel blonda,
'ne wahre Hannaconda.

Alexander
zerrt am Expander.
Er hat schon richtig dicke Mäuse
in seinem leeren Gehäuse.

Auch der Finger von Dörte
nicht auf die Mama hörte.
»Mensch ist das hier eng.«
Peng.

Frieda
ist eigentlich nie da.
Immer ist sie auf der Pirsch.
Da sucht sie sicher einen Hirsch?

Es war einmal ein Gürteltier,
an einem Gürtel hing es hier.
Es hat nicht lang gelitten,
man hat es abgeschnitten.

Ich mainstreame,
verkündet der kleine Klaus,
und quetscht aus allem die Mitte raus.
So bin ich Journalist
von Gottes Segen,
und hab noch niemals falsch gelegen.

Klauen dürfen Kinder nun wirklich nicht!
Bis auf Sebastian, der ist kleptoman.
Es geht ihm aber schon viel besser.
Wir sollten ihm das von Herzen gönnen,
er klaut nur noch, was wir gebrauchen können.

Es war einmal ein Kakadu,
der kackte alle Löcher zu.
Zwar war er heiß umworben,
doch ist er ausgestorben.

Es verstößt gegen die Etikette,
fresse ich auf die Wimpelkette.
Früher war sie noch viel bunter,
sie ging mit der Titanic unter.

Es war einmal ein Murmeltier.
Viele Jahre schlief es hier.
Es sagte weder »muh« noch »meff«.
Jetzt ist es unser Chef.

Alisa ist schon sonderbar,
sie isst nur Tost mit Kaviar.
Im Kopf macht es jetzt Klingeling.
Sie ist, so scheint's, ein Abkömmling.

Das Schiff, das fuhr nur kreuz und quer,
jetzt steht es leer im Mittelmeer.
Davor war's aber vollgelaufen,
es fuhr 'nen Felsen übern Haufen.

Sie googelten alle wie die Pfeifen
und taten, als würden sie was begreifen.
Google hi und Google da,
die Klugen warn schon vorher da.
Sie haben ein riesiges Netz gewoben,
und uns alle über den Teppich gezogen.

Ein Anker fliegt nur wolkenschwer
weit hinaus ins Mittelmeer.
Dort saugt er sich voll,
wird verhaftet vom Zoll.
Wir hoffen auf gute Wiederkehr.

Wir sitzen doch alle in einem Boot.
Die Ungläubigen, die hau'n wir tot.
Wer das nicht ertragen kann,
säuft sich lieber einen an.

Roy liebt über alles Männertreu,
so ein Hobby macht selbst Geld zu Heu.
Mensch, sei doch lieber Känguru,
und mach deinen Beutel zu.

Die vegetarische Hysterie,
so ein Leiden hatte Helmuth nie.
Er ißt inzwischen nur noch Döner.
Geht es immer noch obszöner?

Fritz hamsterte Toilettenpapier.
Jetzt kann er drei Jahre lang käckern,
oder weiter meckern.

Es war einmal ein Stinketier.
Menschenskinder,
wie stank das hier!
Neulich ist es ausgebrochen,
da hat es andernorts gerochen.

Freund Adebar ist scheinbar aufblasbar.
Wie sonst könnte er sich so aufschwingen,
und viele kleine Kinder bringen.

Vorsicht vor den Fisimatenten
all dieser fiesen Zeitungsenten.
Wenn es sie selbst betrifft,
sind sie zart besaitet,
doch haben sie die Vogelgrippe
zweifelsohne selbst verbreitet.

Die Verbreitung der Vogelgrippe

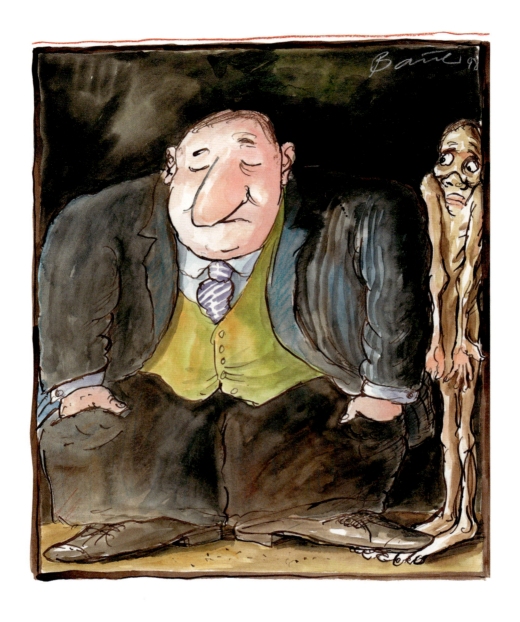

»Wir teilen brüderlich!«
»Und warum nicht halbe-halbe?«

Früher schwieg er, weil er bis Drei zählen konnte, heute aus Berechnung.

Sie spielte picobello wunderbar auf ihrem Cello.
Doch Udo singt, es stände jetzt im Keller.
Da fällt doch die Wurscht vom Teller!

Man sollte geordnet aus dem Leben treten.
Doch liegt man grad noch am Sauerstoff
gibt's schon um das Sparbuch Zoff.

Psycho

Kinder, mal nen' Tag vergammeln
heißt doch auch: Die Seele sammeln.
Also, den ganzen Mist verschlepp ich,
oder kehr ihn untern Teppich.

Ich werd' mir jetzt den Tag versauen
und tief in den Spiegel schauen.
Schau in dich rein, doch habe acht,
wird dir die Türe aufgemacht.

Die Leichen im Keller, die triefen,
Klappe zu, zu viele Untiefen!
Man braucht ein bisschen Selbstbetrug
sonst hat man schnell von sich genug!

Nur wegen der Galionsfigur
war dieses Schiff allzeit auf Tour.
Doch nach der dritten Schönheits-OP
stach es vornüber letztmals in See.

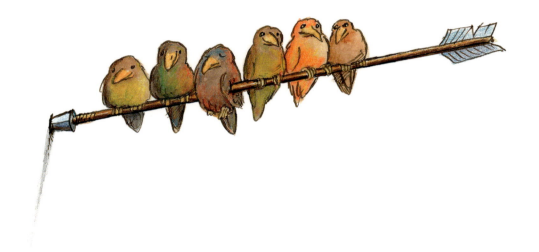

Das Leben ist es bunt und manchmal sogar bunter,
die einen sitzen drauf, die andern hängen runter.*

Jede bleiernde Ente
würde auch gerne mal
Friedenstaube sein.

Dem Nashorn war's
schier einerlei,
denn der Betäubungspfeil
ging voll am Arsch vorbei.

Das war er, unser Karl Lagerfeld,
der Oberguru der Modewelt.
Er konnte alle überragen
ohne Hals mit steifem Kragen.

So hüllte das tapfere Schneiderlein
das ganze reiche Gesochse ein.
Immer wieder rief man den Schneider
für des Kaisers neue Kleider.

Nicht einen Hauch davon kann man bezahlen,
nu' ist es vorbei mit diesen Qualen.

Wutverzehrt schimpft Geiger Bert:
»Wieso habt ihr mich eingesperrt?
Ich bin gegen Corona
in meiner persona,
und betitelte so mein Konzert.«

Meine Ex wollte prominent sein.
Früher hat sie mich mit einem Fußballstar betrogen.
Heute hat sie einen Virologen.

Mich trieb der Hunger durch Kalkutta.
Da traf ich eine deutsche Jutta,
sie war echt eine Muh,
eine heilige Kuh.
Wie vermehren die sich bei Buddha?

Es gab ein Mädchen im fernen Singapur,
die war zu hundertzwanzig Prozent Natur.
Hundert würde ja auch genügen,
doch Statistik neigt halt zum Lügen.
Ich krümm' mich um meine normale Statur.

Da gab es ein Mädchen in Malaga,
die war immer nur montags für mich da.
Den Rest der Woche
müsst' sie maloche,
bis ich sie in einem Schaufenster sah.

Hol mich der Kuckuck,
doch es ging ruck-zuck.
Das Kuckucksei war plötzlich da,
weiß der Kuckuck, wie's geschah.

Zum Kuckuck können wir's nicht jagen,
das Vieh, das könnte sich beklagen.
So zieh'n wir denn den Vogel groß,
es hockt schon manches uns im Schoß.

Kinder an die Macht! So weit so gut.
Doch wer ist auserkoren?
Je weniger Kinder,
desto mehr Götter werden uns geboren.

Neu bei Peter Bauer

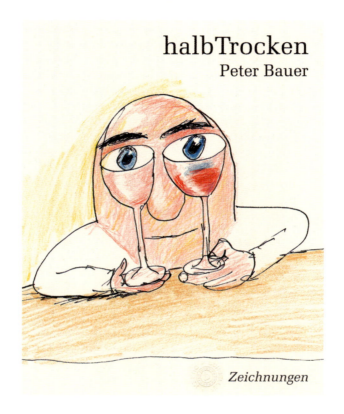

Der Titel ist Programm.
In seinem neuesten Buch entführt uns Peter Bauer
in eine humorvolle Weinwelt zwischen Genuss und Laster.
Auf Ihr Wohl!

Weitere Titel unter:
www.bauer-grafik.com

Bücher von Klaus D. Koch bei Edition Temmen
Illustrationen von Feliks Büttner

Das Ding an sich
Schwarze Sprüche, Epigramme und Aphorismen
72 S., ISBN 978-3-86108-136-4, 2. Auflage, 14,90 €

Neue Ufer voller Altlasten
Aphorismen und Epigramme
84 S., ISBN 978-3-86108-142-5, 2. Auflage, 14,90 €

Verhexte Texte – verzauberte Worte
Gedichte und Aphorismen
84 S., ISBN 978-3-86108-177-7, 2. Auflage, 14,90 €

Blindgänger und Lichtgestalten
Aphorismen
80 S., ISBN 978-3-86108-997-1, 9,90 €

Hellwache Träume
Aphorismen, Epigramme, Gedichte
128 S., ISBN 978-3-86108-138-8, 3. Auflage, 9,90 €

Grosse Klappentexte
Aphorismen
104 S., ISBN 978-3-8378-7028-2, 9,90 €

Keine Diagnose durch die Hose
Anekdoten und Aphorismen
96 S., ISBN 978-3-8378-7024-4, 3. Auflage, 9,90 €

Lach den Weg frei
Aphorismen, Gedichte, Sprüche
80 S., ISBN 978-3-8378-7037-4, 9,90 €

Hiergeblieben!
Wendezeitlose Sprüche, Aphorismen und Epigramme
96 S., ISBN 978-3-86108-131-9, 3. Auflage, 9,90 €

Mitten im Paradies
Gedichte für Dich
96 S., ISBN 978-3-86108-182-1, 9,90 €

U-Boote im Ehehafen
Aphorismen
128 S., ISBN 978-3-86108-130-2, 3. Auflage, 9,90 €

www.aphorismus.de

Klitzekleine Stolpersteine
Epigramme und lose Sprüche
96 S., ISBN 978-3-86108-126-5, 9,90 €

Der neue deutsche Nasführer
Aphorismen
128 S., ISBN 978-3-86108-116-6, 2. Auflage, 9,90 €

Grosses »Koch« Buch
Aphorismen, Gedichte, Anekdoten
372 S., ISBN 978-3-8378-7054-1, 19,90 €

Freche Kinderreime

Ratze, Fatze, Bärentatze
64 S., illustriert von Manfred Bofinger
ISBN 978-3-86108-187-6, 2. Auflage, 8,00 €

Plitsche, Platsche, Moddergatsche
64 S., illustriert von Manfred Bofinger
ISBN 978-3-86108-134-0, 4. Auflage, 8,00 €

Itze, Bitze, Zipfelmütze
64 S., illustriert von Manfred Bofinger
ISBN 978-3-86108-178-4, 3. Auflage, 8,00 €

Geist ist geil
Aphorismen und Miniaturen
mit Illustrationen von Inge Jastram
84 S., ISBN 978-3-8378-7006-0, 2. Auflage, 9,90 €

Erotik des Waldes
Gezeitenlose Worte – Freiwildernde Bilder
mit Fotografien von Michael Tank
80 S., ISBN 978-3-8378-7049-7, 14,90 €

Außerdem bei GOH erschienen:
Totgelachte leben länger
Schwarze Kinderreime nur für Erwachsene
Buchgestaltung und Illustrationen von Peter Bauer
72 S., ISBN 978-3-9812429-0-4, 2. Auflage, 19,80 €

www.aphorismus.de